TRYSOR
RHACA GOCH

Shwd mae'n ceibo?

How-di-dŵ, Bowsi!

Shwd wyt ti, Mwrc, 'chan?!

Gwd, glei! Ti'n dal i gwcan ar y moroedd mawr?

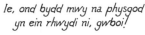

Odw, odw, ac yn codi angor 'mhen tridie i hwylio gyda Hadog a Tintin ar y SIRIUS... Ma' rhaid bo ti 'di clywed amdanyn nhw ar y niws...

Beth? Capten Hadog?... A Tintin?... Wel odw glei! Ma'r hanes yn drwch ers holl helynt y Brodyr Derrin... (1) Nage llong bysgota yw'r SIRIUS?

Ie, ond bydd mwy na physgod yn ein rhwydi ni, gwboi!

Beth ti'n gweud?... Trysor?!

Ma' hanes fod hen fôr-leidr o'r enw Rhaca Goch wedi suddo gyda llong yr UNCORN ganrifoedd yn ôl... Ei chapten hi oedd Madog ap Hadog... A nawr ma' Tintin a'n Capten Hadog ni wedi ffeindio map o rhyw fath...

...rhwbeth gan Madog ap Hadog yn dangos ble foddodd y trysor... Clyw, gwell i ni gario mlaen â'n sgwrs mewn man llai cyhoeddus.

(1) : GWELER **DIRGELWCH YR UNCORN**

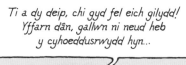

Mistar Tintin?

Ie...

Mi nesh i ddarllan yn y papur heddiw eich bod am fentro ar helfa i ddarganfod trysor Rhaca Goch... Ydy hyn yn wir?

Ydy, ond...

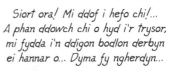

Siort ora! Mi ddof i hefo chi!... A phan ddowch chi o hyd i'r trysor, mi fydda i'n ddigon bodlon derbyn ei hannar o... Dyma fy ngherdyn...

!

Ife eich enw go iawn yw hwn?

Dyna fu fy enw ers yn hogyn bach.

Drychwch, Capten...

Mari Moses!

RHACA GOCH

Maddeuwch i mi am ddweud, syr, ond rwy'n tybio fod "Coch" yn rhyw fath o lysenw arnoch... Ac oherwydd hynny, prin fod unrhyw gysylltiad mewn gwirionedd rhyngoch chi a'r môr-leidr hanesyddol Rhaca Goch...

DRRRING

Mistar Tintin! Rwy'n ddisgynnydd i Rhaca Goch, ac mae gen i hawl ar gyfran o'r trysor!

Naci! Fi ydy o!

Fi yw'r etifedd!

Nage, fi!

Nonsens! Fi yw'r gwir etifedd!

Yfi, nid yfô, mae gen i'r ach i brofi hynny!

Reit, gad hyn i fi... Cewn ni weld os oes un o wir ddisgynyddion Rhaca Goch yn eu plith nhw!

Nawr 'te, odi pawb fan hyn yn perthyn i Rhaca Goch?

Da iawn! Wel, fi yw unig ddisgynnydd Madog ap Hadog, yr hwn a faeddodd Rhaca Goch ag un ergyd farwol! A phan glywaf sŵn y gwynt yn chwythu...

...mae'n corddi'r halen yn fy ngwaed ac yn ffromi hen esgyrn y gynnen...

Trowch ar eich sodle, ysbeilwyr y môr!

Be 'di'r holl dwrw?

Toeddan nhw ar ruthr gwyllt!

Oeddan, fatha gyr o greaduriaid ynfyd!

Ia, ynfyd greaduriaid!

Ynfyd unfarn!

Ac ewch â'ch rwbish 'da chi, ddefed Gwenhidyw!

Dyna gael gwared ar dy nythaid o herwyr, ysbeilwyr, lladron ac anhreithwyr!

DRRRING

Un arall?

Fe âf i...

Ychi sydd yno, Tintin?... Ni'n dau, Parry-Williams a Williams-Parry sydd yma, welwch chi... Fedrwch chi roi help llaw i ni?... Nath rhyw greaduriaid ynfyd ruthro arnan ni...

!

Wrth gwrs, dewch mewn...

DRRING

?

Licsen i gael gair bach 'da Mistar Tint...

Pam?... lyffach, peidwch gweud taw Rhaca Goch yw'ch enw chi!

Ie?

Na, na, chi'n camddeall... Ife Rhaca Goch ŷch chi?

O?

BETH YW'CH ENW CHI?!!

Siaradwch lan, fi'n damed bach yn drwm 'y nghlyw...

MAWREDD MAWR!!!

Lawr llawr?... O daro, mae'n flin 'da fi, ond gredes i mai ar y llawr hyn ôdd Mistar Tintin yn byw, licsen i siarad ag e wyneb yn wyneb 'chwel...

Fi yw Tintin. Beth ŷch chi eisie?

O, Mistar Tintin!... Wedodd y dyn bo chi'n byw lawr llawr...

Mae'n bleser piwr 'da fi gwrdd â chi... Fy enw i yw Ephraim R. Efflwfia.

O?

Nage, R. wedes i... Ephraim R. Efflwfia. Wel, Mistar Tintin, wi'n deall bo chi'n mynd ar daith dros y môr yn whilo am drysor... Neis iawn, ond odych chi wedi ystyried y siarcod?

Siarcod?

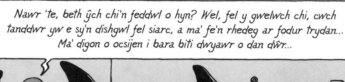

Na, Athro... Bydde fe'n berffaith i rai ond, yn anffodus, ddim i ni!

Gwd!

Reit, 'co ni wedi cytuno, ôdd hynna'n rhwydd... Fe wna i addasu'r siâp a'i neud e damed bach yn llai o seis, a bydd e'n barod ymhen yr wthnos!

Ddyddiau'n ddiweddarach...

Ma'r cyfan jest â bod yn barod, unwaith y byddwn ni wedi dod o hyd i wisg nofio tanddwr... Er, wi 'di bod yn whilo'r storfeydd morol ac heb ddod o hyd i unrhyw beth 'to...

Drychwch ar hwnna...

Jiawcs! Dere i ni gael pip...

AR WERTH
OFFER NOFIO TANDDWR FEL NEWYDD!

Shwmae! Gewn ni weld yr offer nofio tanddwr?

Y siwt danddwr? Dilynwch fi.

Dyma hi...

Ond gochelwch, 'rhen goes... Mi wyddoch mai gwreiddyn pob drwg yw ariangarwch!

E?... Pam ŷch chi'n gweud 'ny?

Pam? Oherwydd 'mod i'n gweld fod gynnoch chi flys am helfa drysor...

Ond shwd ŷch chi'n galler gweld 'ny?

Mae o'n amlwg ar eich wynab!

Ar 'yn wyneb?!... Ond... ond... Tintin, sdim byd yn bod ar 'yn wyneb i, oes e?...

Wel...

Yr argol ddiddig!

9

Beth ddiawl sy 'di digwydd i fi?!

Dim byd, Capten... Dau ddrych sy fan hyn, drychwch... Un ceugrwm ac un amgrwm, fel y rhai yn ffair Porthcawl!

Diolch byth!!

Dal sownd nes bo fi 'di neud yn siŵr fod 'yn wyneb i'n reit...

Wps!

Saith mlynedd o lwc ddrwg!

A deg swllt am dorri'r drych!

Dalltwch chi hyn, forwr, mae beth dwi'n ddeud yn wir... Toes na'm ffasiwn beth â thrysor môr-ladron allan fanno'r dyddia hyn...

Sdim ots am hynny. Nawr, faint gymrwch chi am y siwt danddwr?

Decpunt.

Da iawn, fe wnawn ni gasglu'r cyfan yn nes mlaen heddiw. Reit, dewch, Capten!

Cofiwch, washi, ofer fydd unrhyw daith i chwilio am aur ac arian y môr-ladron!

Drannoeth...

SIRIUS

Bore da, Capten! Shwmae?

Ofnadw!

Uffernol, â gweud y gwir 'tho ti... Sai'n teimlo'n dda, ffliw siŵr o fod, a... Wel, a bod yn blwmp ac yn blaen, sai'n mynd ar y fordaith!

!

Ond... Smo chi o ddifri?

Odw! Clyw, bachan, smo fi'n ddyn ofergoelus, ond ma' torri drych ar drothwy mordaith... Wel, sai'n mynd, a dyna ddiwedd arni!

S'mae!

Newyddion drwg, ma' gin i ofn... Newydd glywad fod Macwy Derrin wedi dianc!

'Na fe, ti'n gweld?! A gwaethygu neith pethe o hyn 'mlaen!

Mi nath yr hen ddihiryn ffoi o afael yr heddlu, a llwyddo dianc wrth ei gludo i gael ei holi...

Mae hynna'n ddrwg.

Capten! Llythyr i chi...

Beth nawr?

O, mawredd y moroedd mawr, myn yffarn i!

Newyddion drwg, Capten?

Galle fe ddim fod yn waeth... Darllena fe.

DR ELIS PRYS MB BCH DRCOG MRGCP DFPP
MEDDYGFA PLAS IOLYN

Annwyl Gapten Hadog,

Wedi dwys ystyried hanes eich iechyd, yn fy marn broffesiynol mae eich anhwylder yn ganlyniad i gyflwr truenus eich afu. Rwy'n argymell, felly, eich bod yn ymwrthod yn llwyr â'r eitemau canlynol fel rhan o'ch deiet: Alcohol - yn cynnwys gwin, cwrw, seidr, gwirodydd o bob math.

Shwd ŷch chi, foneddigion? Smo fi'n torri ar draws dim byd, otw i?

Da iawn! Reit 'te, y gwd niws yw fod y cwch tanddwr nawr yn barod, felly pryd fydd hi'n gyfleus i fi ddod ag e ar fwrdd y llong?

Iyffach! Os fyddwch chi'n treial dod ar y llong, byddwch chi'n difaru!

Yfory?

Diawch! Oes rhaid i fi weiddi?!

Heddi?... Wwwww, lyfli, rhowch bum munud i fi!

Mawredd, ddyn! Falle bo chi'n drwm eich clyw, ond smo chi'n ddall, odych chi?!

DI

DIM DIOLCH!

'Na fe, fi'n credu fod e'n deall nawr!

Gobeithio wir.

Mae Tintin newydd ddeud, Capten, ond fedra i'm coelio'r peth... 'Dach chi ddim am fynd i forio ar ôl torri gwydr, a rwan ma' arnach chi ofn...

Ofan?

Ofan arna i? Ofan beth, yn gwmws?... Sdim byd yn hala ofan ar Capten Hadog! Bore fory fe glywch chi'r blocie'n gwichian a sŵn codi angor, a byddwn ni bant ar y fordaith!

IAW!...

Wel, dyma ni o'r diwedd, Milyn, yn hwylio'r moroedd mawr.

Tintin!

Neges radio...

"Meistr y porthladd at gapten y **SIRIUS.** Arafwch yn barod i dderbyn cwch modur..." Ond pwy sydd am ddod allan i ymuno gyda ni?

Drychwch, dyna'r cwch modur ar ei ffordd nawr!

Sai'n gallu gweld pwy sydd yn y cwch... Jiawl, beth os taw'r bachan Efflwfia 'na yw e?

Ond... Parry-Williams a Williams-Parry?!

Hawddamor! 'Dan ni'n dod efo chi!

E?! Beth yffach?!

Ma' gynnon ni ordors i'ch gwarchod, dalltwch chi...

Ein gwarchod ni? Pam? Oes rhywun yn ein bygwth ni?

'Dach chi mewn peryg, ylwch... Ganol nos neithiwr fe welwyd rhywun – Macwy Derrin o bosib, y gwerthwr creiriau cain – yn llechu o gwmpas glanfa'r **SIRIUS.** Ella ei fod o am ddial!

Yffarn dân! Os ddeith e'n agos ata i...

Mi fasa'n beth doeth i chi beidio â chymryd y gyfraith i'ch dwylo eich hun... Ond hidiwch befo, 'dach chi'n gwbwl ddiogal 'wan efo ni'n dau ar fwrdd y llong.

Yn union, 'dach chi'n gwbwl 'wan efo ni'n dau ar y bwrdd.

Amser a ddengys... Reit, gwell i ni baratoi caban ar eich cyfer, ma' 'na le bach digon clyd ym mhen blaen y llong, neith hwnna'r tro.

Siort ora!

Capten! Capten!

Alla i ddim godde shwd beth!

Beth?

Milyn, y cenau bach gythrel! Mae e wedi dwgyd llond tun o fisgedi!

Sut?...

Milyn?

Ie, Milyn! Weles i fe'n sgwlcan rownd y gali...

Hei, Milyn! Ble wyt ti, gwed?

Milyn? **MILYN!**

Fe ffeindia i fe, peidiwch chi becso, ac fe wna i'n siŵr nad yw hyn yn digwydd eto...

Diolch!

Ym mhen blaen y llong ddudsoch chi, ia?

Ie, 'na fe.

Ty'd i ni newid o'n dillad gwaith er mwyn i ni fedru ymdoddi efo'r criw.

Ia, ty'd...

Wsti be? Ma' gin i rwbath ar gyfar salwch y môr...

Dybaco bach, dybaco,
a gwyn ei fyd a'i caffo.
Tybaco wnaiff y claf yn iach,
Dybaco bach, dybaco!

Oes angen i ni arafu wrth hwylio heibio'r cychod pleser 'ma, Capten?

Jiawl, nag oes! Tŵt ar y seiren, a byddan nhw'n 'sgwaru!

TŴŴŴŴŴT

Eerrchch... Dybaco bach!

Finna... Finna hefyd... Mi dwi 'di lyncu fo!

Drannoeth...

Reit, fi 'di danto nawr! Rhaid i hyn ddod i stop!

Llond tun o fisgedi oedd hi ddoe, Capten! A'r bore 'ma, ffowlyn cyfan wedi diflannu!

Wel y ci bach drwg!

Milyn?...
Hei, ble wyt ti?
Dere Milyn, ble wyt ti'n cuddio?

Milyn!   Milyn!... Milyn!

Hei, Milyn!... Milyn!... Nefoedd, ble yn y byd mae e, gwedwch?!

Ac fe welsoch chi Milyn yn dwyn y ffowlyn?

Wel, na... Weles i mohono fe... Ond mae'n fwy na thebyg...

Yn fwy na thebyg?!... Gwranda 'ma, Bowsi, paid dechre neud cyhuddiade os nag oes 'da ti dystioleth!... Jiawl, pwy sydd i 'weud nage ti sy 'di byta'r ffowlyn?!

Y noson honno...

Reit, nos da, bachan... A cadwa lygad ar Milyn!

Fe wna i, Capten, peidiwch chi â phoeni... Nos da!

LLEIDR! CAU HI!

Nefi! Lleisie'r ddau dditectif!

Beth sy'n digwydd fan hyn?

! !

Fo 'di'r drwg, Tintin!... Mae o 'di dwyn fy nghlustog!

Tydi hynna ddim yn wir!... Fo 'di'r drwg, mae o 'di dwyn fy nghwrlid!

Tyfwch lan, da chi!... Y ddau ohonoch yn ymladd fel plant bach, a dros beth?! Nag oes cywilydd arnoch chi?

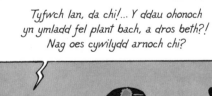

Mae'n rhaid i fi fynd i gysgu!

Wel i myn yffarn i!

?

Be sy'n bod, Capten?

Be sy'n bod?... Potel gyfan o wisgi – wedi diflannu!

Diflannu?... Hei, falle fod rhywun yn poeni am eich iechyd, ac am wneud yn siŵr na wnewch chi lithro...

Doniol iawn!... Ond os caf i afael ar y jiawl, bydd e'n difaru!

Bydd hi'n haws chwilio am eich potel yn y bore... Nawr, mae angen noson o gwsg arna i!

'Na fe, cer i dy wely... Ond ma' 'da fi well pethe i neud.

DIM MYNEDIAD

WISGI SAITH SEREN

Beth yn y byd?!

WISGI SAITH SEREN

DIM MYNEDIAD

BLAM
BLAM
BLAM

Tintin!
Dere glou, Tintin!...
Sdim eiliad i'w golli!

Ma' bom yn yr howld ar fin ffrwydro!

Es i lawr i agor un o'r cratie wisgi sy 'da fi yn yr howld, a beth ffeindies i – ond bom!

'Co ni, nawr bydd yn ofalus...

Draw fan 'na, 'shgwl...

DIM MYNEDIAD

Hei! Na! Paid mynd yn agos ato fe!

Ond mae'n rhaid gweld be sy 'na...

Wel?

Platiau metel...

E? Beth?...

DIM MYNEDIAD

Diawch, ti'n iawn... Platiau dur, nid bom o gwbwl...

Nage... Ond dewch i ni weld be sy yn y crât hyn...

Jiawl eriôd! Rhagor o blatiau dur!

A fan hyn?

Yr un peth 'to!

Yffarn dân! 'Sdim un diferyn o wisgi ar y llong! Os caf i afael ar bwy bynnag sy'n gyfrifol, bydd ei fywyd ddim gwerth byw!

Dewch, Capten... Cewn ni ddatrys hyn i gyd yn y bore...

A thrannoeth...

Wel, o leia nid Milyn sy'n gyfrifol – bisgedi falle, neu hyd yn oedd ffowlyn, ond ddim poteled o wisgi!

Pwy ar y ddaear?!

CHCH... CHCH... CHCH...

Mawredd mynyddoedd y moroedd mawr! Shifftwch eich tin, ddyn!

Fy wisgi!... Damo chi, ddyn!... Beth ddiawl ŷch chi 'di neud gyda'r wisgi?! Atebwch fi! Ble mae'r holl wisgi ôdd 'da fi yn yr howld?!

Wel, ma'n rhaid i fi gyfadde nag odw i wedi galler cysgu'n rhy sbesial... Ond jiw-jiw, smo chi'n mynd i hwpo fi yn yr howld, odych chi?...

Yffarn dân! Dyna'n gwmws ble fyddwch chi, yn yr howld ar ddeiet o fara a dŵr am weddill y siwrne, os na wedwch chi wrtha i'n go glou beth ŷch chi 'di neud gyda'r wisgi!

Peidwch chi â becso dim, mae e'n sâff ar y llong!

Diolch i'r lôr!... Ma'r wisgi'n sâff ar y llong!

Ond mewn darne, wrth gwrs...

Sori?... Beth ŷch chi'n gweud nawr?... Mae'r wisgi mewn darne?

Odi, odi, tamed yn llai na'r gwreiddiol, ond ôdd rhaid tynnu'r cyfan yn ddarne er mwyn ei lwytho fe ar y llong... Llwyddes i dynnu fe'n bishys, a rhoi'r cyfan i gadw mewn cratie yn yr howld...

Ond beth am yr holl wisgi ôdd yn y cratie?! Gwedwch, ddyn! Odi'r holl wisgi'n dal i fod nôl ar y tir mawr?!

Ddim o gwbwl.

Sdim ishe i chi fecso, ma'r poteli i gyd yn ddigon sâff — y noson cyn cwnnu'r angor, ôdd y cratie'n eistedd ar y cei yn barod i'w llwytho... Gymeres i'r holl boteli mâs, a rhoi'r cwch tanddwr yn y cratie yn eu lle nhw, un pishyn ar y tro...

Mari Moses!... Oes unrhyw beth tu fewn i'ch pen bach chwiban, gwedwch?! Jiawl, cerdded y planc ddylech chi neud!

O, diolch, Capten, diolch o galon i chi! Ond ôn i'n gwbod y gallen i ddibynnu ar eich haelioni, a wnewch chi ddim difaru, credwch chi fi!

Ymhen rhai dyddiau...

Ti'n gweld? Ni 'di cyrraedd y lledred a'r hydred a nodwyd gan Madog ap Hadog... Cyn hir, fe ddylen ni weld yr ynys lle drylliwyd yr **UNCORN**...

Ydy'r ynys ar y siartiau?

Nag yw, ond dyw hynny ddim yn beth anghyffredin gydag ynysoedd bach di-nod... Reit, dere, pwy fydd y cynta i weld yr ynys?

Sai'n gweld dim... Beth amdanat ti?

Na, dim...

Ydach chi 'di sbotio hi?

Ddim 'to, ond bydd potel o siampaen yn wobor i'r cynta i weld yr ynys!

Fan 'na!

Ble ma' ddi? Ble ma'r ynys...? Sai'n galler gweld dim byd...

Sdim dwywaith, Capten! Garantïd i chi, siarc ôdd hwnna yn bendant!

Ystyr hyn, gyfeillion, yn ôl eich amcan chi, yw ein bod nawr yn sefyll reit yng nghanol afallennau ac ugain mil o seintiau Ynys Enlli!

Picls Porthcawl, myn yffarn i... Ble ddiawl mae'r ynys 'ma?

Fi'n dechre teimlo mai rhyw jôc gan Madog ap Hadog yw'r cyfan...

Ie, falle wir...

Hei, mae'n tynnu at ganol dydd, gad i fi fesur eto gyda'r secstant er mwyn gwneud yn siŵr!

Dyna ni, nawr fe nodwn ni'r mesuriadau ar y siart...

Fe nododd Madog ap Hadog bopeth yn glir — lledred 20° 37' 42" i'r Gogledd, ac hydred 70° 52' 15" i'r Gorllewin. Dyma lle'r ŷn ni nawr, ar yr un lledred, ond mae'r hydred yn 71° 2' 29" i'r Gorllewin.

Ma' hynny'n golygu ein bo ni wedi mynd heibio'r man cywir, ond welson ni ddim ynys... Sai'n galler deall y peth!

Ond Capten, wrth gwrs!...

!

Wrth gwrs beth?

Mae'n bosib nad y meridian arferol yn Greenwich wnaeth Madog ap Hadog ei ddefnyddio wrth fesur yr hydred...

Beth 'te? Meridian Tŷ'n Twll?

Na, gwrandewch. Mae'n ddigon posib fod Madog ap Hadog wedi defnyddio siartiau Ffrengig... Os felly, byddai'r meridian yn rhedeg trwy Baris, ac mae Paris yn gorwedd sawl gradd i'r dwyrain o Greenwich!

Hei, ti'n gwbod beth? Falle bo ti'n iawn! Falle bo ni'n hwylio'n rhy bell tua'r gorllewin... Dere, Tintin, nôl â ni tua'r dwyrain!

Clywch, bois baaach! I'r llyw ar y pŵp, yn barod ar y troaaad!

Hei, Capten, odyn ni'n troi rownd i fynd gatre?

Ni'n troi rownd, ond nid i fynd adre!

Wel, diolch byth am 'ny... Gallen i dyngu bo ni 'di troi rownd!

Mae'n ddigon rhwydd neud mistêc ar y môr, pan fo'r tonnau mor undonnog.

Ac yn hwyrach...

Dyna hi! O'r gorwel i'r grimell, ynys trysor y môr-ladron!

Mae'r dydd yn tynnu at ei derfyn... Fe wnawn ni ollwng yr angor, a chodi gyda'r wawr i lanio ar yr ynys...

Syniad da.

Drannoeth...

Tynnwch y bad i'r traeth, ac fe af i mlaen am sgowt...

BANG

Diawch! Be sy 'di digwydd iddo fe?

Capten, beth ddigwyddodd? Odych chi'n iawn?

Odw!... Jiawl, bwrw bys mawr 'y nhroed ar y lwmpyn 'na, cwympo'n fflat ar 'y nhrwyn, a'r gwn yn tanio ar ddamwain...

IAAW! IAAW!

Pwylla, Parri Bach, pwylla!

IAAW!

Hwde!

IAAAAAAW!

IAAW! IAAAAAAAW!

Hei, gad iddyn nhw... Dere i roi llaw i fi, ma' rhwbeth mwy i'r lwmpyn hyn o bren...

(25)

Hei, sbïa, maen nhw 'di ffeindio rhwbath...

Gyfeillion, dyma weddillion y bad bach wnaeth Madog ap Hadog ei rwyfo i'r lan o'r **UNCORN...**

Ac ma' hyn yn profi ein bod yn nesáu at yr aur... sef trysor Rhaca Goch, sy'n gorwedd mâs fan 'na ar wely'r môr!... Ond sgidie mlaen yn gynta, i ni gael gweld be sy 'da'r ynys i'w gynnig!

WOWOW!

Rhaid fod Milyn wedi dod o hyd i rhywbeth...

? !

Ble ffeindiest ti'r asgwrn 'na, Milyn? Dere, arwain y ffordd...

Picls Porthcawl! Dishgwl, Tintin... Fentra i mai gweddillion y môr-ladron a laddwyd ar yr **UNCORN** yw rhain...

Nage Capten...

Byddai gweddillion unrhyw gyrff o'r **UNCORN** wedi'u golchi i'r lan ar y traeth... Mae yna wayw fan hyn, sy'n awgrymu mai gweddillion brodorion sydd yma, wedi'u lladd a'u bwyta yn y fan a'r lle gan eu gelynion...

Howld ddy bôt! Be 'dach chi'n ddeud?... Oes 'na ganibaliaid ar yr ynys?

Dyna beth ŷn ni'n mynd i ddarganfod! Dewch...

Daro, ma' 'da fi garreg yn fy esgid!

Ewch chi mlaen, bydda i 'da chi mewn munud...

Drychwch!

Delw!...

Ie, delw wedi ei cherfio o bren... Ond does bosib...

Drychwch! Delw yn cynrychioli Madog ap Hadog yw hi!

Mae'r geg yn bytheirio! Rhaid fod llais yr hen forwr wedi dychryn brodorion yr ynys... Dychmygwch y tro cynta iddyn nhw ei glywed yn gweiddi "bashi-baswcs!"

BASHI-BASŴCS! BASHI-BASŴCS!

Be sy'n bod, Capten?

Pwy ôdd yn gweiddi?

Wel, ôn i'n meddwl mai chi...

Nage, ddim fi... Ond mawredd mawr!

Ie, drychwch, Madog ap Hadog!

MAWRRREDD MAWRRR!

Draw fan hyn!

Sneb 'ma...

O, Capten, mae 'na ysbrydion yma 'mhobman... Plîs, gawn ni fynd n-n-nôl i'r ll-ll-llong?

Ia wir, gawn ni fynd n-n-nôl i'r ll-ll-llong, p-p-pluuuys?!

Melltith arrr y môrrr, y bolamorrrlo!

Pwy wyt ti'n ei alw'n folamorlo, y sioni bolól yffarn?!

Gormod o ofan arnot ti i ddangos d'unan, oes e? Dere mâs o'r cysgodion, myn yffarn i!

PAWB AR Y PŴP!

Lan fan 'na!

Gwehilion!

Heffrod y poeth-offrwm!

Hwyed gwylltion!

Taniwch y pabwyr!

Jiawl eriôd... Parots, myn diain!

Ie, parots, ac o un genhedlaeth i'r nesa, mae geirfa goeth Madog ap Hadog wedi'i throsglwyddo'n ddilychwin!

TWLL EICH TINE CHI!

E? Beth wedest ti? Wel, y parot bach ewn!

Aros di, fe dorra i dy grib...

Cymer y gneuen goco 'ma, y ceiliog dandi yffarn!

O jawch, fy nghefen...

Ble mae'r boen?

Dere â'r gwn i fi... Fe gewn ni barot wedi'i flingo i swper heno, gyda stwffin a grefi, myn diain i...

Pwyllwch, Capten... Dim ond parots ŷn nhw...

Jiawled!

Anghofiwch amdanyn nhw, Capten... Dewch i ni fynd.

Olreit, olreit, dere...

Y gwn!... Pwy sy 'di cymryd y gwn?!

Dim ond am eiliad adawes i fe...

Odyw e wrth fôn y goeden?

Ti'n ei weld e?

Na... Mae e wedi diflannu'n llwyr!

Ond sai'n...

Hei, clywch...

Beth yw'r sŵn 'na?

Whiwhiwhi! Whiwhiwhi!

Whiwhiwhi!

O nefi wen! Beth nesa?... Hei, yr orangiaid! Y mwncwn mallt! Y babŵns!... Dewch â'r gwn nôl lawr fan hyn ar unwaith!

Daliwch chi, Capten... 'Dan ni'n gwbod sut i handlo hyn... Ma' isho codi braw arnyn nhw!

Hei, hogia bach!... Bang!... Bang!... Bang!...

Na, peidiwch!

BANG

Dyna fo!... Maen nhw 'di ollwng o, sbïwch, dyma fo'n dŵad...

Grêt, da iawn, nethoch chi "handlo" hwnna'n wych... Modfedd yn is, a bydde hi 'di bod yn amen ar Gapten Hadog!

Wel, diolch i'r drefn, does neb wedi cael niwed... Awn ni nôl i'r **SIRIUS,** Capten? Rŷn ni'n eitha sâff nad oes unrhyw bobol ar yr ynys, o leia...

Ie, syniad da.

Ond mawredd, fuon ni bron ag anghofio...

Beth am y ddelw? Smo ni'n mynd i'w gadael hi ar yr ynys?...

"Glan môr! Glan y môr i mi!
Cân engyl yn d'ymyl di...
Sŵn y don sy yn dyner
delyn bardd ar dy lan bêr.
Nefoedd fyddai cael Neifion,
môr islaw fy mhreswyl lon!"

Capten! Siarc!

Myn asen i!... Buodd e jest â chnoi 'yn llaw i, yr yffarn!

Ylwch, mae 'na un arall yn fan'cw!... Ac un arall...

Jiawl, os deith un yn agos ata i, fe geith e flas ar hwn!

PING

Hmmm, Capten, mae gen i deimlad falle y bydd dyfais yr Athro Efflwfia yn ddefnyddiol iawn i ni wedi'r cyfan...

Y diwrnod nesa...

Felly, ti'n benderfynol...

Ydw, Capten... Ac mae'r Athro Efflwfia wedi esbonio'n fanwl sut i reoli'r cwch tanddwr...

Hei, sefwch un funud!

Un peth arall... Pan fyddwch chi'n ffindo gweddillion y llong, gwasgwch y bwtwn coch ar y panel i ryddhau bechingalw... chi'mod, silindr bach yn llawn hylif ysgafn fydd yn codi i'r wyneb ac yn creu mwg trwchus pan ddeith i gysylltiad â'r aer — bydd hwnna'n nodi lleoliad yr **UNCORN** ar wely'r môr.

Iawn, botwm coch...

Nage, nage... Coch! Odych chi'n ei weld e? Da iawn, feri gwd!

'Co fe'n mynd, lawr o dan y tonne...

Hei, Milyn, mae hyn yn hwyl!

Yn nyfnder môr i lawr...

Fi'n gobeitho fod popeth yn mynd i fod yn olreit...

Ma'ch trowsus chi'n deit?... Jiw-jiw, Capten, ma' ishe i chi relacso, chi'mod, ymlacio...

Hwp, be sy?... Hei, mae'r injan wedi dod i stop... Pam nag ŷn ni'n symud?

?!

O, bois bach, drycha, Milyn... Dyw'r llafne ddim yn troi, mae'r propeler ynghlwm yn y gwymon!

Dere, falle gallwn ni ryddhau ein hunain trwy roi'r injan i fynd sha nôl...

Na, dyw hynny ddim yn gweithio... Dyw'r propeler ddim yn symud o gwbl... A nawr sdim pŵer yn yr injan!

Gwed, Milyn, shwd ŷn ni'n mynd i gael ein hunain mâs o hyn?

Dim ond un peth fedrwn ni neud... Rhyddhau'r silindr fydd yn creu'r mwg, er mwyn dangos iddyn nhw ble'r ŷn ni... Reit, gwasgu'r botwm coch...

'Na fe...

Draw fan 'na! Drychwch! Ma' Tintin wedi dod o hyd i weddillion yr UNCORN!

'Shgwlwch, Athro Efflwfia!... 'Co'r mwg draw fan 'na!... Mae e wedi ffeindio'r UNCORN!

O!

'Shgwlwch, Capten Hadog!...
'Co'r mwg draw fan 'na!... Ma' Tintin
wedi ffindo'r **UNCORN!**

Rhaid i ni fod yn amyneddgar, Milyn... Bydd hi
ddim yn hir cyn eu bo nhw'n dod i'n hachub ni.

Ohoi! Miwn i'r bad bach â ni,
i rwyfo mâs at ble ma' Tintin
ac angori bwi...

Dyma'r bwi...

A dyma'r perisgôp peth'ma, y teclyn
ar gyfar sbïad o dan dŵr...

Wi'n pryderu tamed bach, cofiwch,
fod Tintin heb
ddod nôl i'r
wyneb eto...

Ôn i'n dipyn
o glocsiwr ar
un adeg...

A dyna pam wi 'di llwyddo cadw mor ffit
ar hyd y blynydde!

Hmmm?

Defnyddio'r sawdl wrth
glocsio tripledi, ac ôdd 'da fi
dechneg wych...

Nawr 'te...

Ond... Nage gweddillion y llong sy 'ma!...
Tintin yw e, ma' fe
mewn trwbwl!

W, lyfli, dewch i fi
gael pip!

Mae e'n sownd yn y morwellt!... Shwd
ddiawl gallwn ni ei achub e?!

?

Ond Capten! Smo chi'n gallu gweld fod Tintin mewn trwbwl, ac yn sownd yn y morwellt ar wely'r môr?!

Chi a'ch bad tanddwr! Camgymeriad mawr ôdd mynd mâs ynddo fe heddi!

Yn mynd i foddi?... Wel, ôdd 'dag e ddigon o ocsijen am ddwyawr... Dewch i ni weld... Wês, ma' 'dag e ddigon ar ôl am ddeg munud arall!

Gwell iddyn nhw hastu, Milyn... Mae anadlu yn waith trwm erbyn hyn...

Ond beth allwn ni 'neud mewn deg munud?

Sdim amser i baratoi'r siwt danddwr... Bydd e wedi hen drigo cyn bo ni'n ei gyrraedd e...

Hei, ma' 'da fi syniad!... Yr angor! Yr angor sy'n sownd i'r bwi...

Ond beth wna i gyda hwnna?

Yn naturiol!... Fe ddefnyddiwn ni'r angor i fachu'r bad tanddwr, a thynnu ar y rhaff i'w rwygo'n rhydd o'r morwellt...

Reit, lawr ag e, gan bwyll bach... Lawr, a lawr eto...

O, maen nhw'n gollwng angor i fachu'n sownd... Reit, caf i wared ar y balast a'n gwneud yn ysgafnach i dynnu'n rhydd...

Wel, gwd boi, mae e wedi ei ddeall hi! Mae e 'di cael gwared ar y balast... Nawr 'te, Capten, tamed bach i'r chwith... Dyna ni, nawr, tynnwch!

Mae'n amhosib anadlu... Rhaid i hyn weithio!

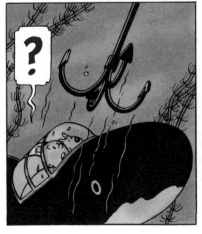

?

Daro shwd beth!... Nath yr angor ddim cydio'n iawn... Reit, unwaith 'to, lawr ag e... Nawr, i'r chwith... Tamed bach i'r dde... Nawr tynnwch yn ara deg...

Tynnwch... Tynnwch, ddyn, er mwyn y nefoedd!...

Jiw-jiw, tynnwch!

Yffarn dân!... Beth ŷch chi'n meddwl fi'n neud?!... Whare'r pipgorn?!

Mawredd!... Dim ond gweddïo nad oes siarcod yn prowlan am bryd o fwyd!

Diolch byth!... Awyr iach!

Ma' Tintin yn saff! Zenzizenzizenzic!

Dwi'n credu fod pob un ohonan nhw'n ddiogal... Mae'r Capten yn ôl yn y cwch, mae'r bwi efo fo, a'r angor hefyd... Ac mae 'na dennyn 'di glymu'n sownd i dynnu Tintin yn ei ôl... Weli di nhw'n dŵad?

Wel, dim ond ei gwneud hi nath Tintin y tro 'ma!

Na, na, chi'n hollol rong, Capten... Cewch chi weld nawr pan fyddwn ni nôl ar y llong... Gwymon ac hen forwellt ôdd wedi tagu'r propeler!

'Chwel?... Yn gwmws fel wedes i... Morwellt!

Ife nawr?... A finne'n meddwl mai morwellt ôdd e...

Beth bynnag ôdd e, sai'n mynd miwn i'r bad tanddwr 'na byth 'to!

Reit, unwaith fydd y propeler yn lân, fe af i a Milyn mâs eto o dan y dŵr!

Jiawl, wi'n gobeitho na geith e rhagor o drafferth...

Hmmm, penbleth, odw i'n mynd i weud 'tho fe?

Reit, cym on!

Ym... Capten... Wel, ma' 'da fi damed bach o bad niws i chi.

E? Beth nawr?

Nage, nage... Bad niws, wedes i... Ma' arno i ofan bo ni'n bell o ffeindo'r UNCORN. 'Shgwlwch...

Beth ddiawl yw'r teclyn bach 'na?

Yn gwmws, pendil yw e... Fi 'di dechre ymhel â'r hen wyddor gwlad sy'n fodd i ddarganfod creirie cudd, ac ma' arna i ofan...

E? Y peth bach 'na sy 'di gweud 'tho chi?

Tamed yn bellach i'r gorllewin 'chwel... Drychwch ar y pendil yn mynd nôl a mlân, o'r dwyrain i'r gorllewin, chi'n gweld?...

Drychwch chi... 'Na fe, sdim dwywaith, draw i'r cyfeiriad hyn fyddwn ni'n dod o hyd i'r **UNCORN**...

Sbïwch, Capten! Mwg yn codi o'r dŵr!

A 'co Tintin draw fan 'na, nôl yn sâff i'r wyneb!... Mae e'n bendant y tro hyn, mae e wedi dod o hyd i weddillion yr **UNCORN**!

Hei! Shwd olwg sydd arni?

Yn bellach i'r gorllewin...

Yr **UNCORN** yw hi!... Paratowch yr offer tanddwr!

A ti'n siŵr y byddi di'n olreit?

Ydw, Capten, fe wna i yn union fel nethoch chi ddangos...

Da fachgen... Nawr, os wyt ti eisie dod nôl lan i'r wyneb, tynna'n siarp ar y lein ddwywaith... Ond os byddi di mewn argyfwng, tynna'n siarp ar y lein a paid â stopio!

Iawn!

Dechreuwch y pwmp!

Awê!

?

WOWOW! WOWOW!

WOWOW! WOWOW!

Bwmp! Mae e wedi cyrraedd y gwaelod...

Dyma hi, yr **UNCORN!**

Wfff... Ond... Does dim aer yn cyrraedd drwy'r biben!...

Iyffach, bois! Beth ŷch chi'n neud? Dylech chi fod wrth y pwmp!

Dowch, Capten, 'dan ni'n haeddu hoe tydan?

Beth ŷch chi?! Dwy bwmpen?! Ewch nôl at y pwmp, a phwmpwch yn gynt na phwmpws unrhyw bwmpen eriôd!

Ffiw... Dyna welliant, mae'r aer yn cyrraedd eto... Diawch, fe wnes i ddychryn...

Sgiw's mî, Capten, ond smoi'n deall... Gan fod yr **UNCORN** yn amlwg yn lot pellach i'r gorllewin, pam fod Tintin wedi mynd lawr o dan y dŵr?

Iesgyrn... Mae e wedi mynd i bigo shrwmps!

Sgrwmps, wedoch chi? Ond smoi'n gweld 'run cwmwl...

'Co fe, yn tynnu ddwywaith, mae e'n barod i ddod nôl lan, rhaid bo fe 'di ffeindio rhwbeth!

Hwp! Lan ag e...

Dyma fe!

Wwww... Be sy 'dag e?

Croes aur, yn gain â gemwaith!... A chleddyf cwta... Hei, Tintin 'chan, ma' hon yn groes anhygoel!

Ydy, ac yn gychwyn gwych i'r helfa...

Hmmm, nawr pam fydde fe'n gweud fod sgrwmps ar ddod?

Odi, mae e'n ddechreuad sbesial! Ond ma' mwy i ddod, cei di weld... Reit, fi sy'n mynd nesa!

Gyda llaw... Ôdd unrhyw siarcod lawr 'na?

Na, weles i ddim un.

Dyma'r helmed, ch'n barod?

Odw!

IAAAW! AAW! AAW!

Beth nawr?

Yffarn dân! Watsha 'marf i!

!

Dyna ni, mae'ch barf yn dwt yn ei le...

Gwd!... Nawr, cadwa lygad ar y ddou glown 'na wrth y pwmp!

Reit 'te, bois bach, ble ma'r trysor?

Ac ymhen munudau...

Mae e'n tynnu'n siarp ar y lein, ond dyw e ddim yn stopio! Mae 'na... broblem!

Rhaid ei dynnu i'r wyneb ar frys!... Falle fod rhywbeth ofnadwy wedi digwydd iddo!

Gobeithio nad yw e wedi dod ar draws siarc!

Dyma fe!

Beth yw hwnna? Potel?... Ond...

Potel o rym!... Ie, rym o Jamaica, gyfeillion, sy wedi bod ar wely'r môr ers canrifoedd, yn aros i fi ddod i'w yfed e!

O, iechyd, ma' hwnna'n ffein... Hei b-b-bois! Oes whant d-d-diferyn arnoch chi?... O, daro shwd beth, fi 'di yfed y cyfan, ond sdim ots, ma' digon o boteli, af i mofyn un arall...

O'r Capten bach! Neidio mewn i'r dŵr heb ei helmed!

Mawredd mawr!... Beth yffach?!... Ife'r ddou dwpsyn 'na sy'n gyfrifol am hyn 'to? Odyn nhw wedi stopo pwmpo?!

Y teirw teryll! Y carnbenbyliaid! Yffarn dân... Y bashi-baswcs!

Ond nid ni'n dau sydd...

Hushtwch!... Pan wi'n gweu'tho chi i bwmpo, wel, pwmpwch myn jiawl!

Bydd eisie mwy na'r tywel 'na i sychu, Capten... Tynnwch y siwt, mae hi'n llawn dŵr...

Sai'n bwriadu tynnu'r siwt 'ma!...

Wi'n mynd nôl lawr!

Chi'n gweld?!... Mae'r siwt danddwr wedi'i llewni â dŵr... Dewch, mae'n rhaid i ni ei gwagio hi...

Dyna welliant!... Nawr, cewch chi fynd lawr eto os mynnwch chi, ond cofiwch wisgo'r helmed!

Reit 'te, bant â'r cart!... A chi, y ddau forwr llon, cadwch y pwmp i fynd!... A cariwch mlaen i bwmpo nes bo fi'n gweud bo chi'n galler stopo!

Iawn, 'dan ni'n dallt...

'Co fe'n mynd eto.

Ac erbyn amser te...

Jiawch, ni 'di neud diwrnod da o waith heddi!... Y groes aur i ddechre, a wedyn dwsin o boteli rym!

Ond nid dyma drysor Rhaca Goch...

Hei, fe ffeindiwn ni'r trysor fory! Beth ŷch chi'n gweud, Athro?

Mae'n eitha posib, ond weden i taw rym yw e.

CHWII CHWII CHWII

Hei!

Beth yw hwnna? Aderyn?

Mae e'n swnio'n debycach i hen olwyn yn gwichian!

CHWII

Dere, ma' eisie i ni sorto hyn...

Hei, mae'r sŵn yn dod o gyfeiriad y pwmp!

CHWII
CHCHWI

Beth ddiawl ŷch chi'ch dou yn neud wrth y pwmp yr adeg hyn o'r dydd?

Nathoch chi ddim deud 'tha ni i stopio, Capten, felly 'dan ni'n ddyfal bwmpio o hyd...

Dyfal bwmp a dyr...

Ewch i'r gwely, y twpsod! Bydd digon o bwmpo eto bore fory!

A thrannoeth...

Ma' 'da fi deimlad fod Tintin yn mynd i ddod o hyd i'r trysor bore 'ma!

Potel arall o rym!... Fe wna i adael honna i'r Capten.

Hei, beth yw hwn fan hyn 'te?

Mam fach! Does bosib... Trysor Rhaca Goch?!

Iawn, nôl i'r llong er mwyn darganfod be sy yn y gist fach...

Mae e 'di dwyn y gist!

Mae e wedi'i llyncu hi... A nawr mae e'n dod nôl amdana i!

Dyma fe'n dod eto... Beth ddefnyddia i er mwyn amddiffyn fy hun?

Defnyddia i'r botel 'ma...

Fy nghefn tuag hen brennau'r llong, rhag i'r siarc ddal y biben aer...

Ffiw, ôdd honna'n eitha whad!

Diolch byth na wnaeth e dorri'r biben aer...

?

Ond... Mae e 'di meddwi!

A nawr mae e'n cysgu fel babi... Dyma'r unig gyfle gawn ni i gael y gist nôl...

Dyna fe'n tynnu'n siarp ddwywaith... Lan ag e!

Hwp!... Hwp!... Ma'r trysor o fewn cyrraedd!

Iyffach!... Pam fod y crwtyn yn ymladd?!...

?

Iesgyrn Dafydd! Siarc yw hwnna!... Ma' Tintin wedi dala siarc!... Ond beth ŷn ni fod neud â siarc?!

Bydd rhaid gofyn iddo fe...

Ie, reit, wrth gwrs... Ma' eisie gollwng lein arall ar gyfer Tintin!

Nawr, lan â fi... Beth wedith y Capten?

Beth yw ystyr hyn? Rhyw fath o jôc?

Jôc? Nage!... Agorwch y siarc, Capten, ac fe gewch chi weld.

Morgi! Fi'n cofio byta un o rheina ar y cei yn Aberaeron!

Ac o fewn munudau...

Capten! Capten! Sbiŵch hyn! Cist fechan yn stumog y siarc!

Cist, myn yffarn i!... Trysor Rhaca Goch!... 'Co ni wedi'i ffeindio fe!

Dewch i'r caban, bois!

Hmmm... Ma'r tipyn peth wedi rhwdu... Sai'n mynd i allu ei agor e'n rhwydd.

Wnaiff cyllell mo'r tro, Capten... Rhowch gynnig gyda'r trosol 'ma.

Syniad da... Nawr, chi'ch dou, dalwch yn sownd!

Dewch mlân, Capten, hwpwch! Ni'n dala'n deit fan hyn!

'Co fe!

CRAC

Ond... Wel yr argol ddiddig! Nid trysor yw hwn, myn yffarn i! Mawredd mawr!

Eisteddwch i lawr... Rhyw hen ddogfennau sy fan hyn, mae'n anodd eu darllen nhw...

A beth wyt ti'n dishgwl i fi neud â rhyw hen rhacs o bapur tamp, gwêd?!

Peidiwch â digalonni, Capten, mae 'na ddigon o amser i ni barhau i chwilio am y trysor!

Beth yw'r pwynt?

Ond 'na fe, wi'n gwbod beth yw rhein!

Hen ddogfenne... Ma' nhw wedi dirywio yn y lleithder, ond hen ddogfenne ŷn nhw, garantïd!

Ma'r mwlsyn 'na yn mynd i'n hala i yn ddwl!

Iesgyrn!... Beth ddiawl ŷch chi'n neud nawr?!

Wel, dwi'n rhoid help llaw i Parri Bach, mae o am fynd am dro i'r dyfnderoedd... Peidiwch chi â phoeni, dwi 'di edrych yn fanwl ar sut 'dach chi'n ei neud o...

Ond beth am y pwmp?... Odi'r pwmp fod i bwmpo'i hunan?!

Jiawl, fe weithia i'r pwmp i chi... O leia wedyn bydda i'n gwbod bo chi'n sâff!

Mawredd! Beth yw rheina draw fan 'na?!

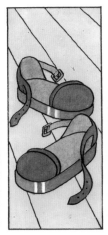

Iyffach, y gwadne trwm!... Ma'r twpsyn wedi anghofio'r gwadne trwm!

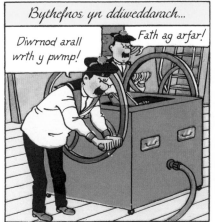
Bythefnos yn ddiweddarach...

Diwrnod arall wrth y pwmp!

Fath ag arfar!

Hei, y pencwn! Sdim eisie pwmpo nawr, ma' Tintin nôl ar y llong!...

Wel?

Dim byd, Capten... Dim byd o gwbwl, ar ôl mynd trwy weddillion y deciau isaf â chrib fân...

Yn gwmws fel wedes i... Smo ni'n mynd i ddod o hyd i unrhyw beth...

Dewch nawr, Capten...

Gwedwch 'tho fi, beth yw'r groes sy draw fan 'na?

Croes? Ble welwch chi groes?

Nage, nage, croes, chi'mod... Draw fan 'na ar yr ynys!

Chi'n gweld? Croes yw hi, ontefe?

Capten, edrychwch, mae'r Athro Efflwfia yn llygad ei le! Mae 'na groes wedi'i chodi ar y penrhyn pell!

Croes?

Chi'n credu 'ny?

Mari Moses! Chi'n eitha reit, croes yw hi!

Wel, pwy feddylie? Gredes i taw croes ôdd hi!

Ond dyna ni!... Wrth gwrs, mae'r cyfan yn gwneud synnwyr nawr!

?

Athro Efflwfia, chi 'di achub y fordaith!

Ooos caf i fynd yn llongwr iawn ar Fflat Huw Puw!

Dewch mlaen, Capten, â'r rhofie a'r picelli... Rŷn ni'n mynd nôl i'r ynys!

Dyna ble mae'r trysor wedi'i gladdu, Capten! Odych chi'n cofio geirie'r hen Fadog ap Hadog?... Sôn am "lleufer eryr o'r nefoedd" ac yna arwydd y groes! A dyna hi, reit o'n blaen ni, y groes!

Wrth gwrs! Ti'n hollol iawn!

Hwrêêê!... Parry-Williams! Williams-Parry! Dewch â'r rhofie a'r picelli!... Nôl â ni i'r ynys!

Wel, chi'n ddyn bach ddigon rhyfedd, ond chi'n wych hefyd, ar fy marw!

Odi, mae'n arw...

Na, na, na... Chi'n wych! Jiawcs, bobol, ma' hyn yn gyffrous!

'Na fe, yn gwmws beth wedes i, croes!

E?... O ie, wrth gwrs, croes!

Smo chi'n seriws?

Bbbashi-bbbasŵc!

Aderyn o dir nef!

Dyma'r groes!

Hon, gyfeillion, yw'r groes a godwyd gan Madog ap Hadog!

Hei, shgwlwch, wedes i'n streit taw croes ôdd hi!

Beth yw'r tocion hyn ar hyd y pren?

Dyma sut wnaeth Madog ap Hadog gadw cofnod o'i amser ar yr ynys, nes iddo gael ei achub... Drychwch, mae'r tocion llai ar gyfer dyddiau'r wythnos, ac un hir ar gyfer y saboth...

Byddwch wych, bois bach! A bydd poteled o rym yn wobor i bwy bynnag sy'n ffeindio'r trysor!

Ym, am beth yn gwmws ŷch chi'n whilo 'te?

!

Hei, os na ddewch chi i helpu palu, fe hwpa i'r pendil na lan dwll eich...

Tamed yn bellach i'r gorllewin.

Sdim clem 'da fi pam bo nhw'n palu fan hyn...

Capten... Na, mae'n amhosib...

E?... Be ti'n wilia nawr?

Mae'n amhosib fod y trysor fan hyn!

Eee?... Pam ti'n gweud 'ny?

Meddyliwch... A chymryd fod Madog ap Hadog wedi ffoi gyda'r trysor o'r **UNCORN,** pam fydde fe wedi claddu'r cyfan fan hyn, o dan y groes?... Beth fyddech chi wedi gwneud?... Oni fydde fe wedi mynd â'r trysor gydag e pan gafodd ei achub o'r ynys?

Ond...

Mae'n debygol fod y trysor ar wely'r môr! Trywydd seithug oedd hwn, i feddwl fod y trysor wedi'i gladdu fan hyn!

A'r cyfan oherwydd y dwlbyn Efflwfia, myn yffach i!

Chi, ddyn! Eich bai chi yw hyn i gyd, y ffwlpyn penchwiban!

Yn gwmws, falch bo chi'n cytuno 'da fi o'r diwedd, yn bellach i'r gorllewin!

I'r gorllewin, myn diain?! Rhowch y blwmin peth 'na i fi!

W!

Hapus nawr? Mae'ch pendil bach wedi mynd i'r gorllewin!

WOWOW! WOWOW!

Diawl eriôd! Cymer hyn! A hyn! Ar ôl dilyn y pendil ar draws yr ynys bendigilydd!

Ac os glywa i'r un gair arall am y peth, myn jiawl! Nawr, dewch!

Mae e'n tampan!

Wel, 'na gi bach da wyt ti!...

Dim mwy o chwarae, Milyn.

Be sy'n bod ar y Capten 'te? Ma' croen ei din ar ei dalcen...

Ac i ble ma' Ryan a Ronnie wedi mynd?

Ôn i'n meddwl eu bo nhw'n dilyn...

OHOI! CHI'CH DOU!

Mae'n olreit, peidwch â becso, fe ddaeth y ci bach ag e nôl i fi...

Tintin! Stopa fi glou, cyn bo fi'n neud rhwbeth fydda i'n difaru!

Capten!

Jiawl! Ma' rhaid i fi fwrw rhwbeth!

Yffffaaarn dâââân! Beth arall all fynd o'i le?!

Eisteddwch fan hyn am funud, Capten, tra 'mod i'n mynd i ffeindio'r ddau dditectif...

Iawn.

I ble ddiflannon nhw?

Ac i ble'r aeth Tintin?

I'r gorllewin!

Rwy'n gallu clywed eu sŵn...

Beth yn y byd ŷch chi'n neud?

Wel, 'dan ni'n ail-lenwi'r twll... Fedrwch chi'm bod yn rhy ofalus, 'sa rhywun yn medru syrthio'n rhwydd i dwll mor fawr â hyn...

Drannoeth...

Reit, ti'n benderfynol o barhau i chwilio?

Am ychydig ddyddiau eto, dyna'r cyfan... Mae'n dydd Mercher heddiw, y 9fed... Os na fyddwn ni wedi dod o hyd i unrhyw beth erbyn y 15fed, yna fe wnawn ni droi am adre.

Olreit, gwed ti...

Wnewch chi ddim difaru... Ac fe gawn ni gyfle i godi rhai o greiriau'r **UNCORN** oddi ar wely'r môr, blaenddelw cain y meinbren, er enghraifft...

Dro ar ôl tro...

Wythnos arall ar y pwmp, ia 'nde, bywyd taeog yw'r bywyd hwn...

Hei, sdim golwg o'r hen Efflwfia... Sgwn i ble mae e...

10
IAU

11
GWENER

Dim cnec wrth Efflwfia ers tridie!

12
SADWRN

13 SUL

Na, dim byd, Capten...

14 LLUN

15 MAWRTH

?

Beth yw hyn?...
Beth yw hyn?...

O jiw-jiw!...
Ma' rhaid gweud
wrth y Capten!

Peidiwch â digalonni,
Capten... Mae hi wedi bod
yn fordaith lwyddiannus,
er i ni beidio â dod
o hyd i'r trysor.

Capten!... Capten!...
Ma'r llong yn hwylio!

Bydde'n well 'da chi
tase hi'n gwneud
dawns y glocsen?

O, fi'n gweld, chi 'di
sylweddoli o'r diwedd fod
yr **UNCORN** ymhellach
i'r gorllewin... Wel, digon
teg, gwell hwyr na
hwyrach!

Reit, dewch 'da fi!

Drychwch, ddyn! Beth yw
hwnna, gwedwch?! Blaenddelw
corwg Cenarth?!

Wel, gwedwch y gwirionedd! Uncorn
yw hwnna! Ond ôdd y pendil
yn bendant yn gweud fod eisie mynd
yn bellach i'r gorllewin... Jiawch,
ma' hyn yn rhyfedd...

16 MERCHER **17** IAU **18** GWENER **19** SADWRN **20** SUL **21** LLUN **22** MAWRTH

Ylwch, dwi'm... 'Dach chi 'di nrysu fi 'wan!

Wel wrth gwrs, boi bach! Ond gair i gall... Peidwch gweud wrth neb!

Sdim eisie i chi fecso amdana i... Weda i ddim gair wrth yr un enaid byw!

Mae ein gwaith wedi'i wneud, Capten... Gan fod y rhinciwr Macwy Derrin yn gwybod ein bod ni hefo chi, nath o ddim meiddio mentro ymyrryd yn yr helfa drysor!

Naddo glei... Odych chi'ch dou yn mynd adre nawr?

Nac'dan... 'Dan ni 'di blino braidd, wyddoch chi, ar ôl yr holl bwmpio. 'Dan ni'n mynd i aros efo hen gyfaill ar ei fferm, y Lôn Goed... Cyfla i ni orffwys a dadebru yn y llonydd gorffenedig...

Haeddiannol iawn!

O, mi dwi'n edrych ymlaen at hyn... Dim rhagor o bwmpio!

Ia wir, gwynt teg i'r pwmpio!

Feri gwd, bois, a pan fyddwch chi 'di cwpla chwalu'r ceirch, fe gewch chi shifft ar y fuddai gorddi yn y llaethdy!

Ymhen diwmod neu ddau...

DRRRING

Shwd ŷch, Tintin!

Shwmae, Athro Efflwfia, be sy'n dod â chi fan hyn?

Odw, a wi'n teimlo'n dda 'fyd... Nawr 'te, wi 'di dod â'r dogfenne nôl...

Pa ddogfennau?

Nage, nage, y dogfenne!... Chi'n cofio, y rhai nath y siarc eu llyncu... Wi 'di neud 'y ngore i'w rhoi nhw nôl at ei gilydd, er mwyn galler eu darllen nhw... Ma' ambell i bishyn yn aneglur, ond wi'n credu 'mod i wedi llwyddo dehongli'r cyfan.

A weden i fod y ddogfen fach 'ma yn mynd i fod o ddiddordeb mawr i'r Capten...

Mam fach! Ydy!

Ar unwaith, rhaid i'r Capten weld hyn!

"Trwy ras yr Hollalluog a braint ei ladmerydd y Brenin, talwn wrogaeth yn ryddfraint i'w ufudd farchog y Fflydweinydd Hadoks"... Beth yn y byd?!...

Ie, ond darllenwch y gweddill!

Nefi wen! Odw i'n breuddwydio?! Mabelfyw Bach... Mabelfyw Bach yw fy nghartre teuluol! Etifeddiaeth!

Ond smo chi 'di clywed y diweddara! Arhoswch funud...

Shgwlwch ar hwn!

Ti'n gweld beth fi'n gweld?

Beth amdani, Capten?... Dewch! Eich cartref teuluol, ac mae e ar werth! Dyma'r cyfle i adfeddiannu eich etifeddiaeth!

Ond shwd 'naf i 'ny?

Pwynt da... Bydd eisie arian arnoch chi.

Ond 'na fe twel, tasen ni jest wedi ffeindio trysor Rhaca Goch, bydde digon o arian 'da fi.

W, odych chi'n meindo os caf i bip?

Wrth gwrs...

!

Hei, Capten, mae Mabelfyw Bach ar werth!... Shgwlwch! Ma' rhaid i chi brynu fe!

Hmm...

Ei brynu fe, wedoch chi?... A shwd yn gwmws odw i'n mynd i allu prynu unrhyw beth heb arian?

Be chi'n gweud? Arian? Sdim ots am arian!

Jiawcs, ma' digon o arian 'da fi!

Wel, on'd ŷch chi'n lwcus?! Llongyfarchiade, mae'n neis clywed bo 'da chi arian!

Wi 'di derbyn arian sylweddol gan y llywodraeth am y patent i'r cwch tanddwr ddefnyddion ni i ddod o hyd i'r **UNCORN**!... Ac i chi ma'r diolch 'mod i wedi gallu ei brofi fe'n llwyddiannus... Dewch, ddyn, ni'n mynd i brynu Mabelfyw Bach!

MAENORDY AR WERTH

Nid yw'r MAENORDY hwn AR WERTH

Hadog

Wel, dyna gyffro!... Falle na wnaethoch chi ddod o hyd i'r trysor, ond mae stad hanesyddol eich teulu wedi'i adfeddiannu...

Ma'r lle 'ma'n rhyfeddol!

Arhoswch chi, mae mwy i ddod...

O fan hyn wnes i eich ffonio chi.

Anhygoel...

CLYWCH!

Hmmm, na... Fi wnaeth ddychmygu clywed sŵn traed...

O?

Ma'r lle hyn yn ryfeddod, Tintin... Whare teg, ôdd gyda'r hen Fadog ap Hadog chwaeth arbennig... Nawr, cer â fi i weld y seler rwyt ti 'di sôn gyment amdano... Ble mae e?

Dilynwch fi...

A dyma ni!

Iesgyrn!...

Ma' ddi fel siop siafins!

Wel, y seler fan hyn oedd storfa'r Brodyr Derrin...

Drychwch, cerflun o Sant Ioan... Mae'n rhaid fod y seler wedi cael ei ddefnyddio fel capel ar un adeg.

Be sy 'da chi i'w ddweud?

Rhy-   feddol!

Clywch, eto!... Rwy'n siŵr 'mod i wedi clywed   sŵn y tro hyn!

Sŵn traed... Ond mae e wedi pallu eto... Rhyfedd, 'sgwn i...

Beth?

Hei... Be sy'n bod, bachan?

Hwrê!

Y groes a'r eryr!... "Lleufer eryr o'r nefoedd!"... Welwch chi, y groes a'r eryr!

Wel, fi'n galler gweld croes, ond ble mae'r eryr?

Fan 'na, reit o'ch blaen chi!

Drychwch, Capten... Cerflun o Sant Ioan, sy'n cael ei ddarlunio mewn celfyddyd yng nghwmni eryr... Mae e'n cael ei adnabod fel "Eryr Patmos", sef yr ynys lle dywed rhai iddo ysgrifennu llyfr y Datguddiad!...

Dyna'r eryr!... A glôb hefyd...

Oes rheswm pam fod pelen y byd ynghlwm â'r cerflun?

Wel... Drychwch fan 'na, yn yr union fan lle buon ni ar ein helfa... Ynys y môr-ladron... Hei, mae'r ynys fel botwm, ac os ydw i'n gwasgu...

Mawredd mawr! Trysor Rhaca Goch!

Dyma ni, o'r diwedd, wedi dod o hyd i drysor Rhaca Goch!... Edrycha ar hyn!

Mae'n anodd credu!... Felly fe wnaeth Madog ap Hadog fynd â'r trysor gydag e pan adawodd e'r **UNCORN**... Ac i feddwl ein bod ni wedi teithio i ochr arall y byd yn chwilio amdano, tra bo'r cyfan fan hyn o dan ein trwyne...

Nefi wen!... Ma' hyn yn ddigon i ddallu dyn!... Gemwaith cain... Mae 'na emrallt a diemwnt... Aur ac arian... Perlau mân... Ma'r cyfan fan hyn, yn disgleirio!

Hushtwch!... Glywsoch chi hynna?

Do...

Clywch, sŵn traed!... Mae rhywun yn dod lawr yr hen risiau i'r seler...

Dewch glou, i ddod o hyd i arf a chuddio'r tu ôl i'r pileri...

Iawn, dere...